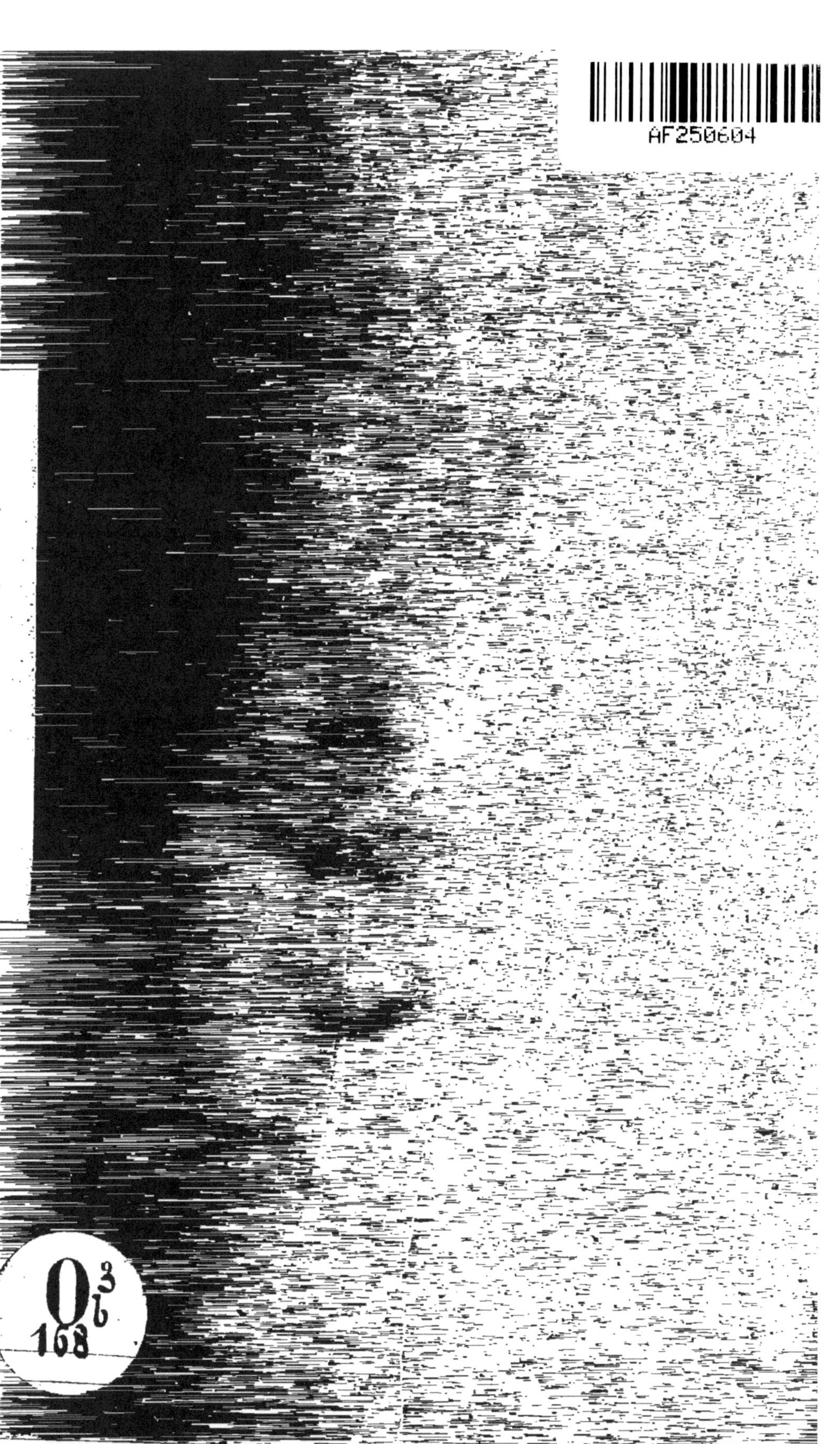

UN MOT

SUR

LE VICE-ROI D'ÉGYPTE

ET

SON PROCÈS DES CENT MILLIONS

PAR

SÉRAPHIN BADDON

PARIS

IMPRIMERIE DE DUBUISSON ET Cⁱᵉ

Rue Coq-Héron, 5.

1859

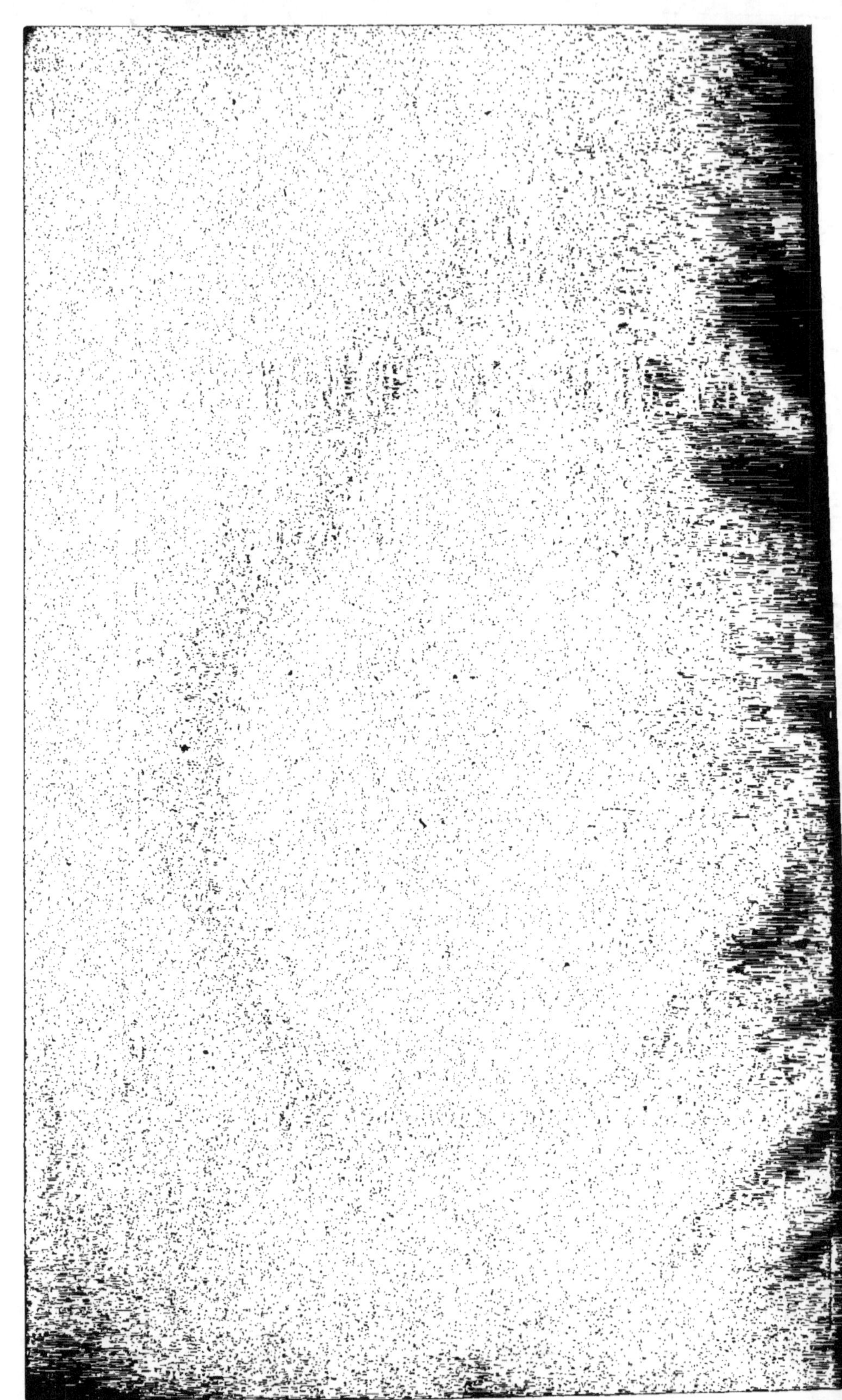

UN MOT

sur

LE VICE-ROI D'ÉGYPTE

et

SON PROCÈS DES CENT MILLIONS

par

SÉRAPHIN BADDON

La presse parisienne s'est déjà entretenue plusieurs fois de procès soutenus et perdus par le vice-roi d'Egypte, et, s'il fallait en croire les bruits qu'on semble se plaire à faire courir, Saïd Pacha serait l'homme le plus processif de ses États; cependant il n'en est rien.

Je connais Saïd comme j'ai connu Méhémet-Ali, Ibrahim, son fils, et Abbas Pacha, son petit-fils, et, je puis l'affirmer, il n'est jamais entré dans l'esprit de Saïd l'idée

1859

d'intenter ou de soutenir des procès. Il craint les contestations ; un procès lui ferait peur.

Saïd Pacha est doué d'un caractère plein de bienveillance et de générosité : élevé par des Français, instruit par des Français de tout ce que doit savoir un prince, il en a pris les mœurs et la gaîté, et son unique but est de rendre le peuple heureux et prospère.

Voyez quel accroissement a pris Alexandrie depuis l'avénement du prince à la vice-royauté. Sous Méhémet-Ali, son enceinte renfermait à peine 80,000 habitants, on y compte aujourd'hui 130,000 au moins. Voyez à quel degré se sont élevés la banque et le commerce. Le Caire, Rosette et d'autres villes principales, ont obéi à l'impulsion donnée par Alexandrie. Voyez encore le fellah, le fellah autrefois si malheureux et si esclave, le fellah, ce représentant de l'antique Égypte, ne semble-t-il pas revenir à la vie ? N'est-il pas délivré, en partie, des liens qui le tenaient captif ?

Et à qui attribuer la gloire du canal de l'isthme de Suez, de cette source intarissable pour le commerce européen? n'est-ce pas en partie au vice-roi? ne met-il pas dans l'entreprise des fonds considérables? n'y a-t-il pas employé ses ingénieurs? n'y a-t-il pas fait contribuer son intelligence, son crédit, ses moyens, son autorité? Comment un prince occupé de si grandes choses pourrait-il descendre à l'état de plaideur? S'imaginer une si petite chose serait une absurdité.

Voici ce qui sans doute a donné lieu à ces bruits :

A son avénement à la vice-royauté, Saïd a été entouré sur-le-champ de plusieurs sortes de personnages, quelques-uns sincèrement dévoués à sa personne, les autres guidés par l'ambition; et comme ces derniers sont nombreux, l'avidité et la cupidité se tiennent toujours en croupe derrière lui; elles ne le quittent pas, elles l'assiégent sous toutes espèces de formes : tantôt elles paraissent en protectrices, tantôt en créancières, et Saïd les trouve si laides sous cette figure, qu'il s'en délivre à force d'argent.

Et remarquez-le bien : ce n'est point à Saïd, débiteur, qu'on réclame, il ne doit rien à personne ; c'est à Saïd, chef du gouvernement, qu'on demande le payement de créances à la charge de Méhémet-Ali ou d'Ibrahim, ses prédécesseurs, et Saïd les paye sans s'enquérir si elles sont bien ou mal fondées, si elles sont vraies ou fausses.

Comment aussi ne pas ajouter foi à la véracité des réclamants lorsqu'ils sont appuyés par des influences avec lesquelles ils partagent en frères ? Pauvre prince ! Malheureusement pour la moralité, il n'est pas le seul qui soit victime de l'intrigue et du mensonge.

Maintenant, j'arrive au fameux procès des cent millions, dont les journaux de Paris ont parlé ces jours derniers.

Dans un but de sollicitude pour la prospérité du pays, Méhémet-Ali, le grand régénérateur de l'Égypte, avait concédé par lettre, à une maison d'Alexandrie qu'il honorait de sa bienveillance, le droit d'organiser le transit de l'Inde à travers l'Égypte. Cette autorisation ayant été sollicitée ensuite par une maison anglaise, Méhémet-Ali la lui accorda, comme étant plus apte par son intelligence, et plus intéressée par sa nationalité à en faire valoir tous les avantages. Était-il libre de retirer la concession donnée à une maison pour la donner à une autre? N'ayant aucune connaissance du titre, je n'ai point la prétention de m'établir juge de la question.

Toujours est-il que le chef de la première Maison paraissait s'être chargé d'une mission peu compatible avec les intérêts de la Compagnie des Indes, pour le transit des passagers, des valises et des dépêches.

Cependant, Méhémet-Ali promit à cette

Maison de l'indemniser, soit par une autre concession , soit par d'autres faveurs. En pareilles circonstances, Méhémet-Ali était esclave de ses promesses, et tout fait supposer qu'il n'a point manqué à celle-ci. A la mort de ce prince, la Maison d'Alexandrie était puissamment riche.

Ce qui me fortifie dans cette croyance, ce qui confirme ma supposition, c'est que le chef de la Maison d'Alexandrie n'a réclamé, ni à Ibrahim Pacha, ni à Abbas Pacha, les deux successeurs de Méhémet-Ali à la vice-royauté; pourquoi a-t-il gardé le silence jusqu'à ce jour? c'est qu'il connaissait le caractère d'Ibrahim et d'Abbas ; c'est qu'il savait bien qu'on se livrerait aux investigations nécessaires pour savoir si sa créance était ou non légitime; et pourquoi a-t-il réclamé à Saïd? c'est qu'il connaissait la bonté de son caractère et son horreur pour les procès.

Qu'on lui donne cinq millions! se sera

sans doute écrié Saïd, obsédé par des influences consulaires ou d'autres, qu'on lui donne cinq millions et qu'il me laisse tranquille. Et le chef de la Maison s'est empressé de prendre les cinq millions au lieu des cent millions qu'il demandait.

Saïd Pacha n'a point été dupe dans cette affaire, croyez-le bien; il n'a fait que céder à de continuelles obsessions. Le prince veut être bien avec toutes les influences du pays; mais ne serait-il pas bien aussi à des puissances plus élevées de leur recommander de ne pas abuser?

Et, en effet, si le vice-roi se soumet à toutes ces concessions, on lui fera bientôt payer un droit de passage dans le quartier franc d'Alexandrie. Qu'il comprenne l'étendue de sa puissance, et il se jouera de toutes ces menaces puériles, de tous ces procès ridicules; qu'il se montre tel qu'il doit être, et son repos ne sera plus troublé.

Pourquoi ces énormes sacrifices faits tout

récemment en faveur de la Compagnie de remorquage du Nil? Pourquoi tous ces embarras, toutes ces tracasseries qu'on lui crée au sujet du canal de l'isthme de Suez? N'a-t-il pas assez fait, assez donné? Si toujours il a la main ouverte, son trésor s'appauvrira. Attendra-t-il son épuisement pour regretter sa trop grande bonté?

25, rue de Laval.

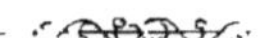

Paris. — Imp. de Dubuisson et Cie, r. Coq-Héron, 5.

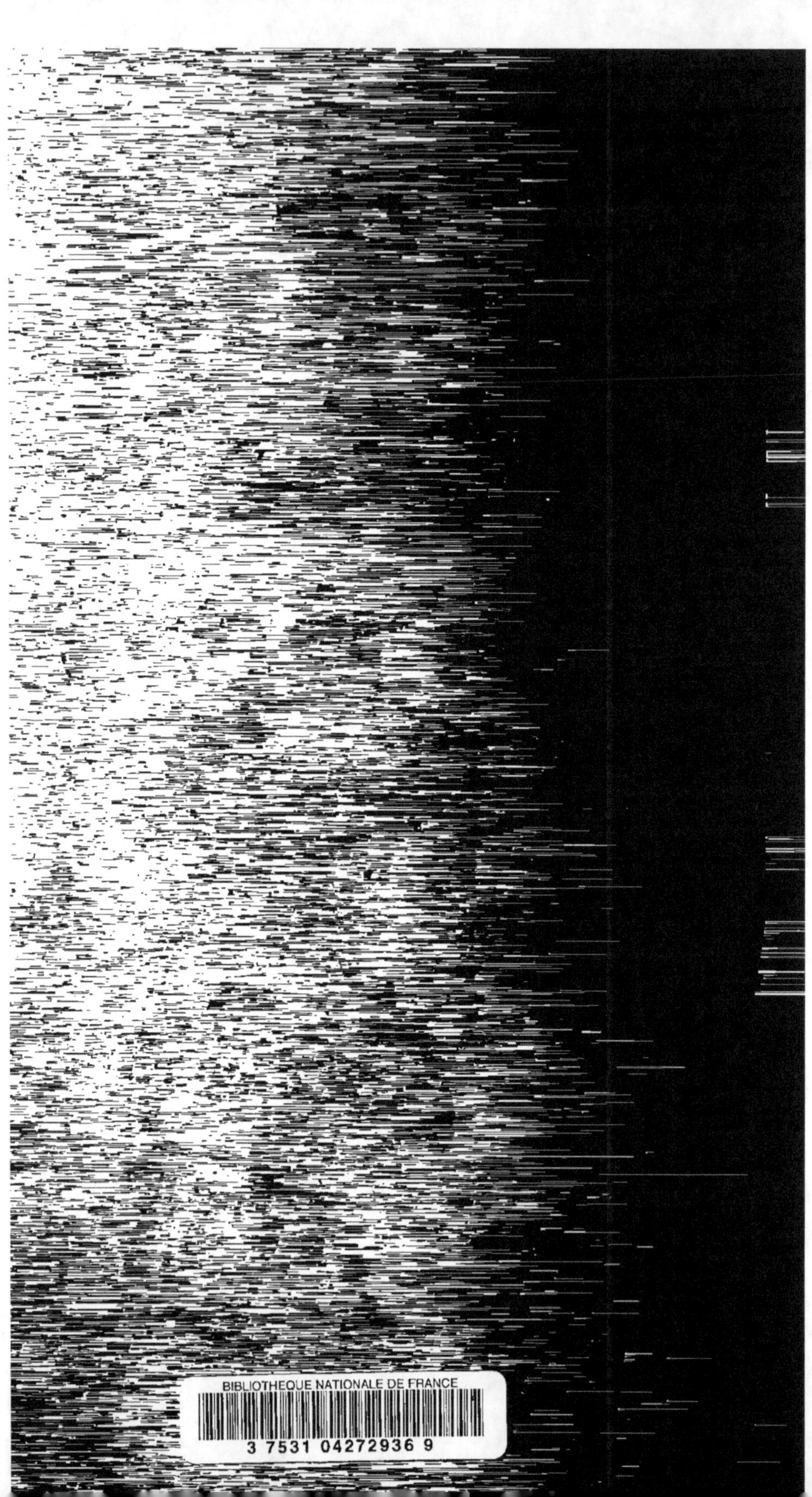
BIBLIOTHEQUE NATIONALE DE FRANCE
3 7531 04272936 9